# SOCIÉTÉ

DES

# TRAVAILLEURS DE TOULOUSE.

Citoyens Travailleurs,

Puisqu'après tant de luttes nous sommes enfin appelés à jouir des bienfaits de la Liberté, unissons-nous tous pour l'affermissement éternel d'un bien si précieux ; prouvons à nos concitoyens que nous sommes capables d'en apprécier toute la valeur; prenons l'engagement que désormais tous nos efforts tendront au développement et au maintien de cette indépendance éclairée et en même temps laborieuse à laquelle nous aspirions.

Voilà le but de la société des travailleurs, et sa devise doit être *Fraternité, Ordre* et *Travail*.

Par Fraternité, nous entendons la vraie liberté de famille sans aucun excès, que des institutions républicaines peuvent seules nous donner ; l'égalité entre nous tous, l'obligation de nous aider et de nous secourir mutuellement, enfin le rétablissement de la dignité morale et individuelle de l'espèce humaine.

Par l'Ordre, nous voulons la tranquillité la plus parfaite en remplissant nos devoirs de citoyens, la garantie des personnes et de la propriété, le respect des opinions politiques et religieuses et toute la modération possible dans la discussion de nos droits.

Par le Travail, objet si important et qui fait la fécondité et la richesse de notre belle France, nous comprenons le concours de tous les bons citoyens dans la mesure de leur force et de leur intelligence à la prospérité nationale, en laissant à chacun le temps nécessaire pour améliorer son instruction morale, et le rendre digne d'aspirer à tous les emplois. C'est en relevant le moral et la dignité de l'ouvrier, c'est en venant puiser dans nos réunions fraternelles de nouvelles forces pour améliorer sa position que nous nous montrerons dignes de cette égalité qui est inscrite sur notre drapeau et qui est la plus belle conquête de notre glorieuse révolution.

En résumé, la Société des Travailleurs a pour objet déterminé :

1° Les secours mutuels ;
2° L'instruction civique, sociale et politique ;
3° L'organisation du travail.

Pour bien faire connaître ces propositions on nommera trois commissions qui s'appliqueront à en développer les avantages à chacun des sociétaires, et alors seulement seront réalisés pour l'intérêt de tous ces mots sublimes : *Fraternité, Ordre et Travail.*

Vive la République Française !

*Les fondateurs de la Société,*

FORGUES, G. E. TRAUTMANN, FOREST, J.-N. TERRAILLON, DELPY, CASTEX aîné.

# STATUTS

DE LA

# SOCIÉTÉ DES TRAVAILLEURS DE TOULOUSE.

---

### ARTICLE PREMIER.

Les soussignés, composant la Société des Travailleurs, sont convenus de ce qui suit :

### ARTICLE 2.

Tout travailleur, de quelque corps d'état qu'il soit, conduite irréprochable, et âgé de 21 ans;

Toute personne bien famée, dirigeant ou occupant des ouvriers, sont admis dans la société.

### ARTICLE 3.

La Société a pour but principal d'assurer, par toutes les voies légales, du travail aux travailleurs, et en cas de manque ou de maladie, de leur procurer les moyens d'exister pendant la durée de l'infirmité ou du chômage. En second lieu, d'éclairer chaque Sociétaire sur sa valeur individuelle, et le diriger dans sa vie politique et religieuse, de manière à ce que la grande famille humaine en retire toute l'utilité possible, et qu'il contribue de tout son pouvoir à l'ordre dans notre chère patrie.

Chaque membre de la Société est donc intéressé à lui prêter le concours de toutes ses facultés intellectuelles et physiques, directement ou indirectement, pour parvenir au but que la Société se propose, celui de s'aider mutuellement, et de se considérer tous comme frères.

## Article 4.

Pour suffire aux besoins de la Société, il y aura entre ses membres une cotisation toute facultative, mais qui ne pourra être moindre de 25 c. par semaine. Cependant, si des Sociétaires prouvent qu'il leur est impossible de fournir à l'entière cotisation, on la réduira d'autant qu'ils seront jugés pouvoir donner, et on pourra même les en exempter pendant tout le temps qui sera fixé par l'assemblée générale, devant laquelle devront avoir lieu leurs réclamations. Il sera aussi ouvert par la Société une souscription pour engager toutes les personnes aisées à apporter leur tribut au soulagement de leurs semblables.

## Article 5.

Tout ouvrier sans travail, renvoyé d'un atelier pour des motifs qui ne lui seront pas personnels, et qui ne pourra pas être replacé par les soins des commissaires, recevra la somme de un franc par jour pour subvenir à son entretien.

S'il était possible de trouver à utiliser dans une autre profession l'activité de cet ouvrier, il devra s'y prêter pour le bien commun, sans toutefois y être obligé, mais il aura le droit d'occuper la première place vacante de sa spécialité dans les ateliers de la ville dont pourra disposer la Société. A cet effet, les chefs et sous-chefs d'établissements de la ville qui, nous l'espérons, deviendront tous sociétaires, seront intéressés à prévenir les membres du bureau de leur section des vides qu'il y a dans leurs ateliers, en désignant les spécialités, et à accepter les ouvriers qui pourront les remplir, qu'on leur présentera.

## Article 6.

Tout ouvrier malade par accident ou autres causes ne provenant pas d'inconduite, aura droit à la somme d'un franc par jour, aux visites d'un médecin, et aura les remèdes qui lui seront nécessaires pendant tout le temps de sa maladie.

Le cas de maladie sera constaté par les visiteurs de la section, et la cause par le médecin, et ce sera sur leur rapport que l'indemnité sera accordée ou refusée.

La Société se propose aussi de secourir les vieillards.

ARTICLE 7.

La rétribution journalière accordée aux Sociétaires, soit pour le cas de chômage, soit pour le cas de maladie, pourra être augmentée selon l'état pécuniaire de la Société, mais cette augmentation ne pourra avoir lieu qu'après avoir été bien mûrement réfléchie et discutée par tous les membres des bureaux réunis qui l'ordonneront s'il y a lieu.

Toutefois, le sociétaire qui ne versera pas sa cotisation pendant l'espace d'un mois, et auquel on reconnaîtrait mauvaise volonté et non impossibilité de verser sera rayé de la Société.

ARTICLE 8.

Tous les sociétaires intéressés à ce qu'aucun membre ne soit à la charge de la Société, emploieront tous les moyens en leur pouvoir pour procurer aux ouvriers du travail et contribueront par leurs conseils et leurs admonitions à ce que les chefs d'établissements soient constamment satisfaits de ceux qu'ils occuperont.

ARTICLE 9.

La Société sera divisée en section Mère et sections Filles.

La première section formée est la section Mère, sans que ce titre puisse lui donner aucune supériorité sur les autres sections; elle n'aura seulement pour but que d'établir un point central d'unité afin qu'elle puisse donner aux autres sections l'impulsion vers le bien commun, et qu'elle puisse correspondre avec les Sociétés répandues dans toute la France, formées dans les mêmes intentions.

Chaque section devra être de cinq cents membres, au moins, et de mille au plus.

Le bureau des sections Filles sera nommé dans les membres de la section Mère; chaque section portera une lettre spéciale indicative, et ses membres auront un numéro d'ordre.

ARTICLE 10.

Les délibérations prises par les sections Filles seront rapportées à la section Mère par les secrétaires, et ce ne sera qu'après la sanction de celle-ci que la publicité sera accordée à ces votes, qui doivent tous contribuer à l'illustration de la Société et à la plus parfaite union entre ses membres.

### Article 11.

Les jours et heures de réunion seront fixés par chacune des sections dans le local qu'elles auront choisi, et, quoique aucun membre ne soit forcément obligé d'y assister, on compte suffisamment sur le patriotisme et l'amour du peuple de chaque sociétaire, pour ne pas y manquer, surtout ceux qui composent les bureaux.

Toutefois, il y aura chaque mois un jour fixe indiqué, et dans la journée, une assemblée générale à laquelle tous les sociétaires seront tenus de se rendre, sauf les empêchés pour raisons majeures qu'ils exposeront.

### Article 12.

Tout sociétaire pourra prendre la parole après l'avoir demandée au président.

### Article 13.

Ne pourront obtenir la parole dans les réunions de la Société des Travailleurs, que ceux qui seront sociétaires.

### Article 14.

Tout sociétaire qui voudra prendre la parole devra décliner son nom et son numéro d'ordre au président; il y aura à cet effet, dans la salle des réunions, un tableau où seront inscrits tous les membres de la Société.

### Article 15.

Pour maintenir l'ordre dans les discussions, deux sociétaires ne pourront jamais parler ensemble, et s'il y avait interpellations ou controverse, elles devront avoir lieu avec tout le calme possible et avec tous les égards et toute la modération que de bons frères se doivent mutuellement.

### Article 16.

Tout Sociétaire qui émettrait en séance des doctrines subversives de l'ordre public et contre l'esprit de notre dernière et glorieuse révolution, tendantes à entraver la marche du gouvernement, à bouleverser la société, à attaquer les personnes et la propriété, et à soulever des masses, sera rappelé à l'ordre par le président, et, s'il voulait persister, il serait expulsé de la séance et rayé de la Société, l'exécution de cet article est recommandée à l'honneur et au patriotisme de chacun des sociétaires.

### Article 17.

Les séances des sections s'ouvriront par la lecture du procès-verbal de la dernière réunion qui sera approuvé.

### Article 18.

Chaque sociétaire a le droit de demander la parole pour exprimer son opinion sur la situation politique du pays, sur la condition du peuple, sur ses besoins et sur les moyens les plus opportuns pour améliorer sa position, sur les représentants qu'il convient d'élire et sur la conduite qu'ils doivent tenir ou qu'ils auront tenue à l'Assemblée Nationale dans l'intérêt général du peuple.

### Article 19.

Chaque Sociétaire a le droit de faire une proposition qui, pour être adoptée, devra réunir la majorité des voix après la discussion.

### Article 20.

Tout Sociétaire dont la conduite ne serait pas conforme à celle d'un bon citoyen ami de l'ordre et du travail, et qui serait le sujet de plaintes graves, sera averti jusqu'à trois fois en pleine assemblée ; et s'il ne changeait pas de conduite il sera expulsé de la Société sans qu'il ait droit à aucune réclamation de sa quote part dans les fonds de la Société.

### Article 21.

Chaque travailleur Sociétaire devra considérer le Président et les autres membres du bureau de sa section comme ses meilleurs amis et les défenseurs naturels de ses droits, il devra en conséquence leur faire part des griefs qu'il pourrait avoir contre tel chef, d'établissement ou tel sous-chef afin qu'il puisse obtenir justice et le redressement des torts s'il y a lieu.

### Article 22.

Tout travailleur qui provoquerait une grève, une interdiction d'atelier, une dispute quelconque ou une bataille entre les corps d'état sera renvoyé de la Société comme indigne d'en faire partie.

### Article 23.

Toute demande en augmentation de salaire devra être discutée dans l'assemblée et ensuite formulée par les membres du bureau qui se chargeront, comme représentants des Sociétaires, de l'exposer et de l'obtenir si c'est possible des chefs industriels.

### Article 24.

*Des fonctionnaires de Sections.*

Il y a dans chaque Section :
Un président.
Un vice-président.
Un secrétaire.
Un sous-secrétaire.
Un trésorier.
Deux surveillants, contrôleurs de la Caisse.
Deux visiteurs.
Trois commissaires pour maintenir l'ordre.
Huit commissaires correspondant avec la Section.

### Article 25.

Tous ces fonctionnaires sont nommés pour l'espace de six mois, à la majorité des voix, soit par bulletin ouvert, soit par bulletin secret, selon le désir des sectionnaires.

### Article 26.

Les fonctions du président et de tous les membres de l'administration exigent de la probité, du dévouement,du désintéressement et de l'intelligence. Le premier préside la Section, il veille à ce qu'on n'y discute aucune question étrangère au but de la Société et à l'ordre du jour.

ARTICLE 27.

Le président est remplacé dans l'exercice de ses fonctions par le vice-président, lorsqu'en cas d'absence ou de maladie, il ne peut les remplir et lorsqu'il les cesse, il remet à son successeur toutes les pièces et documents relatifs à la Société.

ARTICLE 28.

Le secrétaire est tenu de faire les convocations aux huit commissaires correspondants, de rédiger les procès-verbaux des séances et d'entretenir sur l'invitation du président toute correspondance utile à la Société.

ARTICLE 29.

Outre la surveillance de la caisse, les surveillants auront celle des sectionnaires et établiront entr'eux de fréquentes relations d'intimité; ils feront leur rapport au président de tout ce qui pourra intéresser la Société.

ARTICLE 30.

Sur la convocation du secrétaire, les huit commissaires correspondants sont tenus de prévenir les membres de la Société, formant la section, de l'époque fixée des réunions.

ARTICLE. 31-

*Des Finances de la Société.*

Les fonds provenant des cotisations, souscriptions, dons et legs seront versés chez les trésoriers, qui ne pourront garder en caisse qu'une somme de cinq cents francs au plus.

ARTICLE 32.

Quant à l'excédent de cette somme, il sera versé dans la Banque de Toulouse, où sera ouvert à la Société un compte-courant, ou dans une maison de Banque désignée où ils porteront intérêt.

ARTICLE 33.

A cet effet, les présidents, trésoriers et secrétaires des sections Filles se réuniront à la section Mère, les 1er de chaque mois.

ARTICLE 34.

La vérification des comptes de gestion et des registres à souche aura lieu, décharge des fonds versés par eux seront donnés aux trésoriers par les présidents réunis qui en ordonneront le dépôt à la banque ou ailleurs.

Néanmoins, chaque dimanche les trésoriers seront tenus de présenter au président de leur section l'état de leur caisse ; et si le président juge qu'il y a lieu d'ordonner un versement, il fera convoquer tous les présidents, secrétaires et trésoriers des sections qui auront à aviser.

ARTICLE 35.

Aucun paiement ne sera fait par un Trésorier que sur un bon tiré d'un registre à souche, signé par le président et le secrétaire de la section à laquelle il appartient.

ARTICLE 36.

Les présidents des sections ne délivreront des bons de secours qu'aux visiteurs et commissaires qui les distribueront aux membres qu'ils auront désignés. Un registre à ce destiné sera tenu, où seront spécifiés, par ordre de date, les noms, prénoms et professions des sociétaires secourus, le genre et la quotité des secours.

## DISPOSITIONS GÉNÉRALES.

ARTICLE 37.

Le vœu de la majorité est la loi de la Société, il est constaté et connu des sections.

ARTICLE 38.

Tous les membres du bureau des sections peuvent être révoqués individuellement ou collectivement sur la demande des deux tiers des membres ayant droit à les élire.

ARTICLE 39.

Les fonctionnaires ne peuvent se considérer que comme les agents de la Société ; il ne peut y avoir entre eux et les Sociétaires que des rapports d'égalité et de fraternité.

ARTICLE 40.

Il sera distribué à chaque membre de la Société un exemplaire imprimé du réglement adopté, qui sera en outre répandu autant que possible par tout autre moyen.

ARTICLE 41.

Chaque section aura une salle pour ses réunions ; cette salle sera aussi centrale que possible pour la section à laquelle elle sera affectée ; elle pourrait cependant au besoin servir aux réunions de plusieurs Sections.

ARTICLE 42.

Les frais de location, éclairage et autres seront à la charge de la Société.

ARTICLE 43.

Chaque section aura son médecin et son pharmacien ; les honoraires du premier et les remèdes seront à la charge de la Société.

ARTICLE 44.

Les réunions des jours fériés devront avoir lieu dans la journée et celles des jours d'œuvre le soir après le travail.

Délibéré, discuté et arrêté en séance de la Section-Mère des travailleurs à la majorité des voix, le seize mars au soir de l'année 1848, et ont signé tous les membres du bureau et tous les Sociétaires qui le savent, et ont fait une croïx ceux qui ne le savent pas.

*Le président*,

JEAN-NICOLAS TERRAILLON, métallurgiste.

*Le vice-président*, FEREST, poëlier.

*Le trésorier*, DELPY, fondeur-mécanicien.

*Le secrétaire*, G.-E. TRAUTMANN, mécanicien.

*Le secrétaire-adjoint*, E. VERDIER, potier.

*Les surveillants de la caisse*,

PUJOL, ajusteur-mécanicien. JEAN VERDIÉ, poëlier.

*Les visiteurs*,

CAZEAUX, peintre en voiture. I. REGNIES, mécanicien.

*Les commissaires d'ordre*,

POINT, ajusteur-mécanic.

BESSON, tourneur-mécanic.

DEDIEU, ouvrier tailleur.



Toulouse, Imprimerie de Ve Sens et Janot, rue de l'Orme-Sec, 8.

www.ingramcontent.com/pod-product-compliance
Lightning Source LLC
LaVergne TN
LVHW012024170826
845678LV00004BA/1632

*9782329619804*